Demba Fall

Mon pays en haut

Demba Fall

Mon pays en haut

Ngagne Demba kouna fall Yacine kouna

Éditions Muse

Imprint
Any brand names and product names mentioned in this book are subject to trademark, brand or patent protection and are trademarks or registered trademarks of their respective holders. The use of brand names, product names, common names, trade names, product descriptions etc. even without a particular marking in this work is in no way to be construed to mean that such names may be regarded as unrestricted in respect of trademark and brand protection legislation and could thus be used by anyone.

Cover image: www.ingimage.com

Publisher:
Éditions Muse
is a trademark of
Dodo Books Indian Ocean Ltd. and OmniScriptum S.R.L publishing group

120 High Road, East Finchley, London, N2 9ED, United Kingdom
Str. Armeneasca 28/1, office 1, Chisinau MD-2012, Republic of Moldova, Europe
Printed at: see last page
ISBN: 978-620-4-96275-7

UN PEUPLE UN BUT UNE FOI

UN LIVRE, UNE LUMIERE DANS LE MONDE

ECOLE « MON PAYS EN HAUT »

verte	jaune	rouge

OUVERTURE DE L'ECOLE

Mon objet ¨ MON PAYS EN HAUT ¨

J'informe une lumière nous venant du ciel et qui éclaire tout pays à travers ses 24 journées.

C'est l'entrée de l'école « Mon pays En Haut » matérialisé par ses sept stades avec le rassemblement du pole 15.

La victoire est accordée au pays qui pratique la belle méthode d'approche proposée par « Mon Pays En Haut ».

UN PEUPLE UN BUT UNE FOI UN LIVRE, UNE LUMIERE DANS LE MONDE

ECOLE « MON PAYS EN HAUT »

Cycle Moyen H1

Dialogue entre la conscience humaine et Dieu

verte	jaune	rouge

Mon objet ¨ MON PAYS EN HAUT ¨

Dialogue entre la conscience humaine et Dieu

..... APPRENDRE DE SES DEBUTS ......

.....COMPRENDRE SON PRESENT......

Thèmes du dialogue:

1. l'ouverture

2. l'harmonie

3. la force

4. l'indulgence

5. l'allègement

6. la recharge

7. l'engagement

8. la passation

9. la visite

10. la ruse

11. service et repos

12. l'amour du savoir

13. la dette

14. le témoignage

15. la prière

16. la manifestation

17. l'équilibre

18. la balance

19. qualité et quantité

20. le choix

21. la femme et l'homme

22. la jalousie

23. la repentance

24. la miséricorde

25. la construction

26. la fondation

27. l'organisation

28. la communication

29. le renforcement

30. une aide

31. malgré

Derniers mots

L'OUVERTURE

Homme : **Ah Dieu le Grand !**

Comme je voudrai avoir un cœur dans lequel, je ne renie personne et mon unique occupation sera d'aider le monde.

Dieu : Considères que tu l'as eu à l'instant où tu l'as sincèrement pensé car l'homme n'est que le fruit de son intention.

Homme : Avoir un monde dans lequel je travaille et un autre pour se reposer me sera nécessaire

Dieu : Je t'ai créé la terre pour ton voyage vers ton autre monde se trouvant ta vie éternelle.

Homme : Je me soumets à toi Dieu ! A cette largesse et sagesse que tu procures.

Guide-moi toujours.

Dieu : Rapproche toi toujours de la personne qui appelle pour le vécu ensemble avec de l'éthique et s'activant pour la tenue ¨ MON PAYS EN HAUT ¨.

Collabores de même avec ses partisans.

Homme : D'accord mon seigneur !

Dieu : AS Salam en toi

Homme : **Ameen !**

L'HARMONIE

Homme : **Qu'en est-il de l'harmonie mon seigneur ?**

Dieu : Pour l'avoir, commence par considérer que tout ce qui arrive naturellement bonheur comme malheur n'est que pour t'enseigner et t'élever vers le salut.

Ensuite, n'importe quel plan que tu poseras pour réussir une affaire, tu peux aller avec ta méthode

Mais pour ce qui en est du résultat, c'est moi qui signe.

De plus, personne n'est au dessus de toi, vous êtes égales en droits et devoirs. Seuls les paresseux sont en dessous à cause de leur sommeil sur leurs lauriers.

Enfin, l'harmonie c'est aussi savoir que tu n'es qu'un humain qui gagne souvent et commet des erreurs qui sont des occasions pour l'apprentissage.

Homme : A L'HARMONIE MON SEIGNEUR !

Dieu : As Salam en toi

Homme : Ameen !

LA FORCE

Homme : Comment je peux trouver la force seigneur?

Dieu : tu la trouveras en croyant fermement en ces mots en mon endroit.

Je suis le seul qui a la capacité de nourrir et nuire.

Pendant vos sommeils alors que l'ennemi et ses conspirateurs préparent des plans pour vous démolir, c'est moi qui protège mon allié et mélange leurs chiffres ou idées afin qu'ils n'accèdent à leurs fins.

Convaincs-toi que personne ne peut t'être utile sans que je décide de vous croiser en termes de bienfaisances. Et fiches toi de qui ne t'aime pas quand tu agis avec droiture et justesse.

Homme : Avec ces mots je serai l'incarnation de la forteresse

Dieu : As Salam mon apprenti

Homme : Ameen !

L'INDULGENCE

Homme : Mon Dieu, tes mots concernant la quête de la force émettent des sonnettes sur ma tête depuis la dernière.

Dieu : Il t'est parvenu le secours de Dieu mon champion.

Je t'ai ouvert l'esprit et là t'es prêt à grandir comme un brave et en sagesse.

Tu verras les gens venir de tous les coins pour solliciter tes connaissances.

Remercies ton seigneur en lui rendant culte et demandes pardon pour tout le temps que tu passais à t'occuper dans l'inintéressant. Je parachève mon amour sur mes serviteurs dévoués.

Homme : tu es le meilleur secoureur Dieu

Dieu : Sois toujours à l'abri mon enfant

Homme : Ameen !

L'ALLEGEMENT

Homme : Ah ! Mon seigneur comme je me sens déchargé maintenant la faiblesse et la peur ne sont que des choses du passé.

Dieu : Il t'a été démontré la puissance de la sagesse en son action dévastatrice sur les malaises accentués par les fardeaux et illusions. Dés lors, je t'ai reconnecté aux priorités de ton existence. Tes pas ont été assistés par ma miséricorde.

Donc lèves toi et agis !

Aide les autres avec ce que tu as appris !

Homme : Tu es le meilleur allié

Dieu : Sois béni

Homme : Ameen le bienfaiteur suprême et inégalé

LA RECHARGE

Homme : Seigneur !vous êtes la ?

Dieu : Je suis présent partout en tout moment. J'écoute et je vois ce qui se cache dans vos cœurs.

Aujourd'hui c'est la révélation !je vais vous révéler un livre qui éduque avec la meilleure des philosophies : C'est le coran.

Cette nuit qu'elle t'est parvenue est meilleure que toutes les autres avec lesquelles vous ne l'avez pas.

AS Salam en cette nuit du décret.

Homme : Ameen le connaisseur !

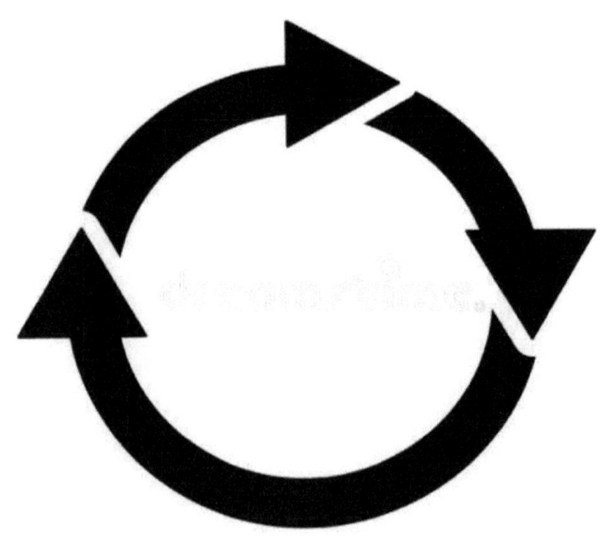

L'ENGAGEMENT

Homme : Ah comme ce livre est plein de sagesse, je ne m'en lasse plus.

Dieu : C'est bien mon enfant ! Il sera encore plus beau de pratiquer les exemples de bienfaisance que relate le livre.

Homme : comment mon seigneur ?

Dieu : il n'existe pas une action que tu fais sans que ce livre n y ait parlée en termes de solution.

Donc suivre ses paroles, c'est être sur la voie de la réussite éternelle.

Homme : je m'engage en face de ses règles d'adopter le coran comme prescripteur

Dieu : As Salam en toi mon serviteur

Homme : Ameen !le prescripteur caché et apparent.

LA PASSATION

Homme : comme la vie est aussi dure !

Dieu : mon serviteur qui aime la droiture. T'es descendu sur terre avec le coran pour construire durant ton séjour.

J'ai inspiré le temps et le l'espace pour te permettre de te mesurer selon tes capacités de résignations et d'abnégations.

Loues mes noms et je t'apporterai la meilleure des résolutions en chaque entreprise.

Je suis ALLAH

Je suis l'indulgent AL LATIIF

Je suis la paix AS SALAAM

Je suis le guide et la droiture AL HAADI WAR RASHIID

Je suis l'ouverture et la victoire AL FATAAH

Je suis le savant AL HALIIM

Je suis le patient AS SABOUR

Quand tu agis toujours avec droiture, je te préserverai.

Taches d'apprendre pour échapper aux trous d'ombrage.

Sois aimable et attentif avec les humains.

Homme : tu as les meilleurs arguments Dieu

Dieu : exalte ton seigneur

Homme : ACCEPTE MES LOUANGES EN TON ENDROIT

LA VISITE

Homme : je m'apprête à louer les noms de notre seigneur le pourvoyeur de dons et le magnifiant.

YA ALLAH

YA LATIIF

YA SALAAM

YA HAADI

YA FATAAH

YA HALIIM

Tu es le seigneur des deux mondes de notre existence.

Tu es au-dessus de toute association.

Te glorifies tout ce qui soit sur terre et au ciel.

Dieu : Mon serviteur ! Je te proclame Khalifa désigné à partir d'aujourd'hui, tu as la charge d'éduquer, de conseiller le bien et d'interdire le mal.

Je t'ai béni.

Homme : j'ai entier confiance en vous mon assureur

Dieu : AS SALAM

Homme : Ameen !

LA RUSE

Homme : je suis étonné par celui qui essaye de réussir avec des mensonges.

Dieu : ne sois pas mon enfant !

C'est de ma sagesse de lui laisser mettre ses pillons de jeu au voyou et pendant longtemps.

Sur cela, au moment où il croit être prêt pour passer à l'action ou au finish, j'enlève sans qu'il ne s'en rend compte un des pillons de son jeu et la voilà tourmenté.

Homme : gardes moi de la ruse le sage et l'arbitre

Dieu : rappelles-toi des paroles du livre sacré le coran :

Pratique assidument la prière.

Crois en ton intérieur que toute vie est entre mes mains et que toute fin a été démontrée selon celui qui agit avec outrage de celui qui œuvre dans le bien.

Patience et continue d'apprendre.

Homme : certes tu es l'unique à suivre

Dieu : mon serviteur préféré par sa soumission totale. As Salam

Homme : Ameen !

SERVICE ET REPOS

Homme : comment faire pour ne pas vite oublier des choses importantes.

Dieu : essayes chaque moment avant de dormir de noter ce que tu as fait durant tes occupations.

Tires une conclusion et vise la leçon.

Ainsi, non seulement tu ne vas pas trop te fatigué pour enseigner tes enfants dans le futur car les notes les serviraient mais aussi tu as quoi lire pour te souvenir de tes actes.

Homme : t'ai rien d'humain

Dieu : je suis le créateur mon enfant. As Salam en toi

Homme : Ameen !

L'AMOUR DU SAVOIR

Homme : comment avoir la certitude que ce que je fais est la meilleure?

Dieu : En étant pieux, tu vas y arriver. En effet, le péché est la représentation de l'ombre et empêche de lire entre les situations.

Ainsi, aies la piété en tes actes, paroles et surtout à l'avance d'être intentionné de bien faire.

C'est de cette façon que tu gagneras mon aimé.

Homme : tu es la solution

Dieu : ma connaissance transcende toute barrière ! As Salam enfant béni

Homme : Ameen mon connaissance du visible et de l'invisible.

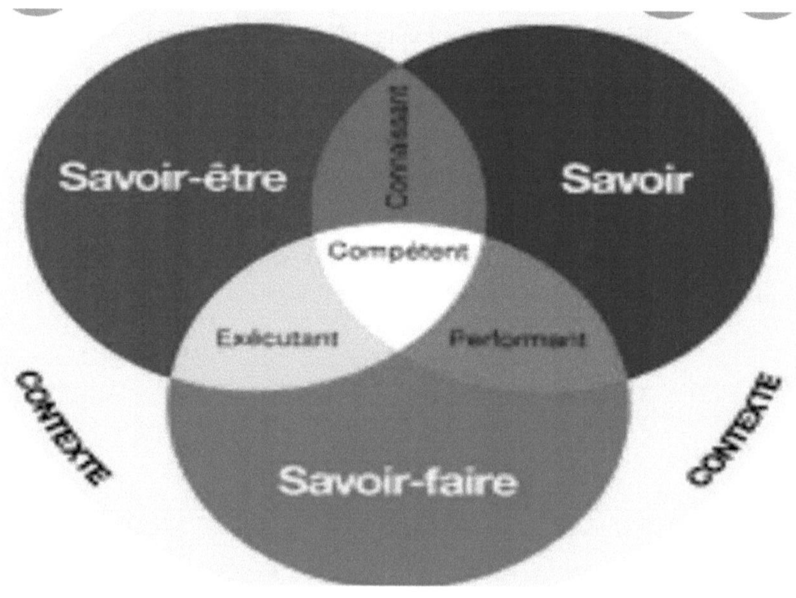

LA DETTE

Homme : Quand doit on se sentir redevable envers quelqu'un?

Dieu : la dette n'est cautionnée qu'au moment où tu déclares être apte à payer l'effort reçu de quelqu'un lors d'un arrangement. A part cela, toute chose que tu auras licitement par geste de gentillesse d'une personne ou autres n'est que ma bénédiction qui t'es venue. Cette personne est l'intermédiaire. Remercie-la quand même !

Homme : tu es le libérateur

Dieu : toi le reconnaissant consommateur ! As Salam en toi

Homme : Ameen !

TEMOIGNAGE

Homme : quand témoigner mon seigneur?

Dieu : le témoin est demandé au moment où tu saisis que si tu ne parles pas, il aura un conflit ou des personnes vont accuser à tord une personne.

A part ces situations indexées, vous ne parlez que pour parler.

Cela n'est signe de sagesse.

Homme : Au silence donc

Dieu : travailler c'est mieux qu'à la parole gratuite. As Salam

Homme : entendu et noté mon seigneur. Ameen !

LA PRIERE

Homme : quelle est la meilleure prière?

Dieu : la meilleure est de demander à Dieu de te faire parti de ceux qui essayent de savoir que dictent le coran et propose les hadiths du prophète « paix et salut sur lui » en vue de bien agir.

Homme : Mohamed est certes le prophète aux vertus louables.

Dieu : il est ma miséricorde octroyée aux habitants de mes différentes planètes et il a un joli cœur.

Homme : Paix et salut sur lui !

Honneurs à sa famille et fidèles alliés !

Que sa miséricorde ne cesse d'intercéder les créatures !

LA MANIFESTATION

Homme : Comment se passe une manifestation de souhait.

Dieu : l'agrément commence par une sérénité à laquelle la personne ressente.

De même, t'es sollicité pour différentes taches et avec des personnes parfois inconnues.

Le plus important, c'est de laisser à Dieu son rôle de parachèvement sur tes projets !

Homme : tu m'as certes guidé

Dieu : je suis voie ! As Salam

Homme : Ameen !

L'EQUILIBRE

Homme : **qu'est ce que l'équilibre?**

Dieu : l'équilibre, c'est de revenir aux normes de décence quand on sent qu'on n'en fait pas par demi-mesure avec choses amusantes.

L'équilibre, c'est aussi préférer de marcher la petite distance au lieu de dépenser d'essence et en d'autres termes gagner encore de poids.

L'équilibre enfin est dans sa plus large définition d'enseigner et laisser à Dieu de décider qui entend et suit.

Pourvu que tu comprennes et appliques !

Homme : **insh2Allah je serai des attentionné mon seigneur !**

BALANCE

Homme : Comment distinguer le vrai du faux?

Dieu : il faut en toute situation faire le choix entre ce qui te permet de vivre sereinement de ce qui te plonge dans la confusion.

Cependant vivre dans l'ombre des choses n'est pas comparable aux pas guidés par la lumière de la certitude.

Cela explique qu'il faut garder un œil interrogateur sur ce qui nous est présenté comme affaire.

Une fois ce stade d'observation validé, appelle à ton identité et principes afin de voir si les fonds et formes vont en congruence avec vos projets de vie.

Pourvu que tu sois sincère avec toi-même !

Homme : je vais me concentrer sur mes projets de vie.

Qualité et quantité

Homme : qu'est ce qui gagne?

Dieu : la vérité !

Que tu sois avec les plus forts ou faibles, le dernier mot appartient à la vérité.

Elle a en des anges qui agissent sur la conscience de l'être qui sème le désordre.

La personne qui outre est de plus en plus enchainée par la peur de ce qui pourrait lui arriver comme sort.

En fin de compte, celui qui dort sans se soucier vers où il se réveillera n'est autre que le sujet équilibré et adhérant aux normes universelles.

LE CHOIX

Homme : **quand choisir ?**

Dieu : il est indispensable de choisir face à une situation qui avance avec ou sans ton aide.

Choisir de participer physiquement, financièrement ou intellectuellement quand il est question de l'intérêt de ton pays reste le meilleur.

Une fois fait, ne réserve aucune énergie, travailles nuitamment pour que cela se réalise.

LA FEMME ET L'HOMME

Homme : **que dire de la femme ?**

Dieu : la femme est une miséricorde.

Tu lui donne du sperme, elle te donne un être humain.

Tu lui donnes de l'argent, elle te présente un plat à déguster.

Tu lui donnes des bijoux en or, elle te fasse un sourire qui te fait voyager de Firdawsi au Sénégal.

Je lui ai donnée de la douceur pour qu'elle adoucisse vos tensions suicidaires.

Donc devenez leurs rois en leur traitant comme des reines !

LA JALOUSIE

Dieu : certes celui qui déclare être en perte se retrouvera en ta rencontre.

Il se rendra compte que le seigneur n'a jamais cessé d'illuminer ceux qui essaient de bien faire.

Pourvu qu'il ne se transforme pas à un jaloux.

La personne qui oublie qu'il a quelque chose quelque part et qu'avec l'intention de servir le trouvera ne sera jamais jalouse.

Homme : protèges moi de la jalousie !

Dieu : tu en es protégé avec la conscience que tout arrive en son temps.

LA REPENTANCE

Homme : quand se repentir?

Dieu : c'est le fait de constater qu'en un moment de ta vie, tu avais l'occasion de dire du bien mais tu as choisis d'injurier.

La repentance revient qu'au lieu où te contenter de ce qui est fruit de ton effort t'était vraiment lourd que tu t'es versé à la vole.

Devant ces constats, se racheter en décidant d'aider les nécessiteux est un moyen de préserver sa dignité.

MISERICORDE

Dieu : certes mes mots sont une miséricorde.

En effet, si je n'avais pas guidé, l'homme sera un animal qui n'obéit à aucune logique.

Homme : j'avoue !

Dieu : sois une source de miséricorde pour tes prochains par facilitation des connaissances sensées à être partagées. Petit à petit, ils suivront ton discours.

CONSTRUCTION

Homme : **qu'est ce qui est à bâtir?**

Dieu : une maison pour te protéger du froid

Un coin calme pour te souvenir de tes principes

Une toilette publique pour percevoir et laver les mauvaises habitudes.

FONDATION

Homme : **quelle est la base ?**

Dieu : la base est l'intention.

Homme : **quel sera le mouvement?**

Dieu : l'amour !

Homme : **quel est le but?**

Dieu : retrouver l'assurance qui débordait en toi à ta naissance.

ORGANISATION

Homme : **que faire de cette richesse?**

Dieu : de la charité en commençant par tes proches pour me remercier

Côtoyer des montures pour me connaitre.

Des écoles pour la préserver !

Homme : **comment faire pour ne pas être emprisonné?**

Dieu : dormir très tôt la nuit pour ne pas voir un mystère qui tourne ta tête.

Se réveiller tôt le matin pour ne pas tarder le bus qui te mène au travail.

COMMUNICATION

Homme : **comment se rapprocher du but?**

Dieu : en marchant vers la maison de la certitude.

Homme : **comment rencontrer la certitude?**

Dieu : en fuyant tout archaïsme débordant et tout matérialisme aggravant.

Homme : **qu'est ce qui est l'origine?**

Dieu : c'est la générosité de donner sans nourrir un intérêt de recevoir.

RENFORCEMENT

Homme : **comment se renforcer?**

Dieu : en ayant la volonté de partir lorsque ta communauté ne te laisse pas grandir en harmonie.

Homme : **vers où aller ?**

Dieu : vers un lieu où tu pourras crier tout le long de ta vie sans déranger

Homme : **je n'en connais pas**

Dieu : alors bats-toi par la communication pour faire valoir tes idées.

UNE AIDE

Homme : c'est quoi une aide au vrai sens du mot?

Dieu : c'est rassurer quelqu'un qui a été poussé à se sous estimer.

C'est aussi parler pour le réveil des humains en ce qui concerne les affaires de la cité.

Homme : qui a nécessairement besoin d'aide?

Dieu : l'orphelin

MALGRE

Dieu : mon fils !malgré l'effort fournis pour aider, il y aura toujours un groupe d'ignorants, de pervers et de paresseux.

Homme : et pourquoi cela?

Dieu : parce qu'ils refusent de vider leur cœur rempli de vengeances et d'égocentrisme.

Homme : que faire d'eux?

Dieu : prier au moment où tu as rien à faire pour qu'un jour je leur pardonne.

Occupes toi ensuite de terminer ta journée avec harmonie.

Tu es certes sur les pas de « **Mon Pays en Haut** ».

DERNIERS MOTS

Homme : A moi d'ouvrir le cœur pour aimer tout le monde.

A moi de chanter pour la promotion des valeurs républicaines

A moi de patienter face à l'ignorance

A moi de construire pour rassembler

A moi d'éclairer pour indiquer la bonne voie

Dieu : A moi de créer la voie

A moi de t'apporter miséricorde

A moi de t'apporter connaissance

A moi de t'apporter le salut

A moi de t'offrir l'éternité !

Homme : A tes rendez-vous, seigneur le très haut !

Paix sur les prophètes :

Nouh l'honorable et l'homme de l'arche

Abaana Ibrahima l'ami de Dieu

Moussa La parole de Dieu

Insa l'esprit de Dieu

Paix et salut sur Seydouna Mohamed la meilleure des créatures et l'aimé de Dieu.

Qu'Allah agrée ses compagnons et sa communauté.

Fin

PEUPLE UN BUT UNE FOI

UN LIVRE, UNE LUMIERE DANS LE MONDE

ECOLE « MON PAYS EN HAUT »

Cycle Moyen H2

L'herméneutique de l'Homme

verte	jaune	rouge

Mon objet ¨ MON PAYS EN HAUT ¨

L'HERMENEUTIQUE DE L'HOMME

.... Apprendre de ton future....

Programme de la science de l'herméneutique de l'homme

Leçon 1 : l'utilisation de l'objet

a-concret

b-abstrait

Leçon 2 : l'origine de l'objet

a -directe

b-indirecte

Leçon 3 : bénéfices de l'objet

Leçon 4 : préservation de l'objet

Leçon 5 : diversité dans le monde

Leçon 6 : amour commun et légitimité sociale

Leçon 7 : introspection de l'Etre

Leçon 8 : droits et devoirs du citoyen

Leçon 9 : le leadership

Leçon 10 : la décentralisation

Leçon 11 : la patience et l'adhérence

Leçon 12 : l'herméneutique de l'être humain

Est appelée herméneutique, tout effort de compréhension.

Leçon 1 : l'utilisation de l'objet

- **L'alphabet comme objet premier :**
  Se désigne l'objet, tout élément qui peut servir à faciliter la promotion de la communication et de son exercice.
  - **Symbolisme des lettres :**

    a – étonnement qu'éprouve l'individu face à l'inconnu ou à la nouveauté.
    b- chose matérielle ou immatérielle qui aide à la réalisation d'un projet de vie
    c- ouverture et intérêt dans le message reçu
    d- effort émanant de la cause
    e- électrification du projet
    f- la notion de la famille
    g- la pensée et son application
    h- l'élévation ou progrès
    i- l'accès à l'information
    j- les horaires et leurs sens
    k- la greffe
    l- les fondamentaux d'une liaison

    m- un mariage réussi

    n- la graine de l'aboutissement

    o- la gestation et ses formes

    p- les groupes et leurs fonctions

    q- le domaine du petit au grand

    r- la rectitude et la reconnaissance

    s- santé et ses sections

    t- le savoir tenir

    u- l'univers et ses formes

    v- l'éternel combat

    w- l'héritage et ses trajets

    x- le croisement des regards

    y- le choix et son déroulement

    z- le retour à l'initial et servitude

- **La numération comme objet second :**

Se désigne l'objet, tout élément capable de résoudre une situation

1- La direction
2- Dualité résultante de l'effort fourni par soi et le semblable
3- La croisée des chemins avec une seule destination
4- Le dynamisme
5- La liberté de s'exprimer avec franchise
6- L'harmonie à la parole, à l'action et à la décision.
7- Le surpassement de soi pour la connexion des diversités
8- La maitrise du matériel et l'assemblée
9- L'inertie nécessaire au commencement
10- La gestation
11- La maturation
12- L'accomplissement
13- Le lâcher prise

a- **Objet concret** :

L'individu, au lever du soleil est contraint d'utiliser d'outils divers pour satisfaire ses ressentis. De ce fait, il est à rappeler que le moyen principal employé lors de ses mouvements reste le mobile. Il n'en existe aucune réalisation d'Adam jusqu'ici sans qu'au préalable l'auteur n'ait pensé à ce qui facilitera le mouvement.
Dés lors, Il apparait qu'il est du bénéfice de l'homme d'examiner en premier les possibilités d'expérimentation de son carnet. DAD le lion, de ses œuvres, affirme ces propos «la parole est certes accueillie avec considération mais le succès en sa totalité ne peut s'obtenir qu'à l'action ».

b- **Objet abstrait :**

L'objet abstrait s'opère dans sa quasi-totalité entre l'homme et de son intérieur.
Chacun est sollicité à parler avec son subconscient pour s'orienter et se pardonner de ses manquements. C'est dans les remarques qu'il n'en existe aucune réussite dont l'auteur n'a pas interrogé son subconscient pour avoir la certitude qu'il est sur le chemin de ses passions.

Cependant, il ne faut pas interpréter le vécu de l'autre et en faire une réponse face aux questionnements de son intérieur dans le seul but de s'éviter un creusement.
Ceci dit qu'il n'en existe pas un individu dont son propre subconscient ne détient pas la solution à ses problèmes. Ce qu'il faut chercher dés lors, c'est comment utiliser ses mouvements de sorte qu'ils partent en congruence avec le subconscient. De cette manière, on agit par sois même.
Si tu te demandes ce que le fait le subconscient, considères que son action commence au moment de la perception d'une chose quelconque.
Il est cet élément qui, quand on veut faire une chose nous demande cette question :
Est-ce qu'en finalité Dieu sera toujours fier de toi ?

Leçon 2 : l'origine de l'objet

L'origine en premier est sans couleur ni saveur. Elle est juste une lumière prévue de satisfaire l'homme et l'élever de ses dimensions les plus remarquables. Il est à présent judicieux de déclarer que c'est dans l'usage que l'homme dénature la fonction de toute chose. Si son acte est bon, l'objet devient un arbre par lequel toute l'humanité se nourrit. En effet, tout élément de la nature est destiné à grandir et à servir. Pourvu que l'être humain le laisse se réaliser en prônant pour la vérité établie et exercée en toute chose.

a - origine directe :

On parle d'origine directe, toute action ou parole mariée avec :

- Les cinq piliers que sont la droiture, la constance, l'abnégation, la générosité et la recherche.
- l'ensemble des textes sacrés constituant le socle de cohésion entre les hommes.
- L'assemblée où se tiennent les lois.

b - origine indirecte :

L'objet reste vulnérablement indirect si depuis l'origine n'est nourri que par la jalousie qui est pure opposition à la volition divine.

L'individu parlé en cette image ne séchera d'alimenter des conspirations dont l'unique but est le sabotage de la réalisation des projets de l'homme choisi pour la cause commune.

Il est toujours de ses faiblesses, la limitation de toutes ses énergies qu'à la parole diffamatoire, vilaine et criminelle.

Dès lors, l'objet d'origine directe est à celle d'origine indirecte ce que la lumière est aux ténèbres.

Leçon 3 : bénéfices de l'objet

L'une des plus belles choses qu'un humain puisse réaliser est l'occupation de toutes de réflexion dans le but de présenter à ses semblables un tableau d'indications proposant des solutions sur le plan de l'économie, de la politique, de l'éducation et du social.

-**Du point de vu économique**, l'homme qui fait profit de bonnes idées sans le savoir crée un possible investissement de ses semblables pour l'amélioration de leur vécu en société.

- L'objet bien mené est doté de **puissance politique et éducative** de par le fait qu'il sera muni de lois organisatrices des mouvements des hommes. En ce sens, va s'installer une coexistence pacifique entre des populations qui sont chaque jour animées par le désir de se comprendre pour ne pas entrer dans le terrain de « qui a les plus ignobles paroles est le meilleur ».

- Enfin, l'amour sociétal ne peut grandir sans appel à des activités collectives. Donc l'objet apparait comme l'inertie de toute assemblée. C'est à ajouter que l'amour entre les hommes se renforcent dans l'association surtout si c'est pour l'intérêt de leur pays.

Leçon 4 : préservation de l'objet

Tout élément serviteur est appelé à être protégé des venants de l'extérieur. Ceci dit qu'il sera nécessairement prudent de cadrer l'objet selon l'environnement qu'il évolue et le temps qui le façonne.

- S'agissant l'espace :

  - la résolution première est la volonté de tout le monde à ne pas animer dans l'intention un quelconque désir qui va au résumé du déroulement de l'objet.
  - deuxièmement, des rassemblements hebdomadaires dans des places spécifiées sont nécessaires pour évaluer l'avancée de l'objet.
  - Troisièmement, c'est toujours dans l'intérêt de sa pérennité de le confier à des hommes dont la seule occupation qu'ils auront matin et soir est de travailler là-dessus en vu de propager cette lumière à travers le monde.
  -

- Enfin s'agissant le temps, le seul moyen de protéger l'objet des tendances est d'en parler à chaque occasion à la télévision et dans les locaux publics.

Leçon 5 : diversité dans le monde

Le monde est partagé en terres habitée par l'eau et d'autres par les animaux, ensuite de terres habités par les humains et d'autres par lesquelles se domicilient à la fois l'eau, les arbres et plantes avec des animaux.

-En eau, il en existe celles salées utilisables à des fins diverses. Ensuite, d'autres douces buvables, aident à la cuisson et au lavage.

Enfin, le pétrole, le gaz et diverses substances liquidiennes ne sont que de l'eau qui a subi des transformations.

NB : le sperme, la lymphe ou le sang sont différents liquides visqueux présents chez un être avec des fonctions dont le centre est d'assuré la pérennité des créatures.

- En animaux sauvages, pour chaque espèce, il y a un lieu adapté à son développement.

Il est du ressort de l'homme de voir suivant sa localité, les animaux qui lui sont favorables et ainsi organiser une culture d'élevage.

Cependant, si ce ne que d'ignorance ou paresse, l'homme se dépayse en ne faisant aucun effort du point de vu sanitaire pour la conservation des animaux de son environnement.

- Si l'on parle des arbres, il est à la connaissance de tout le monde s'agissant leurs enjeux face aux conditions climato-graphiques. Vous en trouverez des arbres aux feuilles rouges qui, symboliquement, signalent aux communautés du lieu l'indispensabilité de s'aimer comme des frères et qu'elles doivent privilégiées l'élevage et en projeter des recherches scientifiques. -Il en profile également des arbres de couleurs vertes faisant timidement appel à une consécration d'activités dans les services de l'agriculture et au respect des attributs religieux.

- ceux avec des feuilles blanches rappellent un devoir d'investissements dans l'éducation des enfants et prévoir des institutions fortes avec sans complaisance.
-les arbres aux feuillages jaunes invitent aux habitants d'édifier des projets d'envergures immobilières en raison de leur adéquation face au tourisme.
- se notent également un groupe arbres avec des couleurs diverses qui incitent à mener des actions sociales, promouvoir l'éthique et fortifier le dialogue entre hommes.

Ainsi, des pays dont l'économie est orientée vers l'élevage créent des espaces de formations tout le long de leurs territoires pour enrichir la connaissance en ce secteur.

Ceux dont l'économie est tournée vers l'agriculture orientent spécialement des études en rapport avec la science de la terre et de l'astronomie.

Où en est le Sénégal ?

Toutes ces diversités au sein des animaux sauvages, des arbres et des eaux sont dirigées vers l'homme qui lui, doit impérativement s'accorder collectivement avec ses semblables afin de bien gérer cette responsabilité.

La diversité humaine ne doit être parlée qu'en des secteurs culturels et fonctionnels.

- La présence d'hommes agents sanitaires que tout en chacun a le devoir de respecter leurs consignes en bien être.
- L'ordre public demeurant un service à louer et à regarder de près.
- L'administration des hommes de la classe politique qu'il faut maintenir dans son entier domaine de partage d'idées et d'adoptions des solutions rentables pour le citoyen.

Leçon 6 : amour commun et légitimité sociale

a- Amour commun

Il est nécessaire de penser sur la manière dont l'homme est venu au monde.

En effet, une mère, au terme de sa grossesse confronte un travail qui sans l'assistance de sages femmes sera pénible. Elles sont pour la plus part des personnes inconnues aux patients. Malgré cela, un amour et une haute compassion sont ressentis au moment de l'accouchement. Ce qui explique que nul n'est à l'abri du besoin d'être aimé et assisté.

De même, on peut manger durant des années en savourant le gout d'un aliment sans jamais rencontrer ou entendre parler du producteur. Donc celui ci est conscient que son acte est un signe d'amour envers ses semblables mais pas un moyen d'être amadoué par tous les consommateurs du produit.

De cette même lancée, il en existera toujours un chef d'entreprise qui étant en conflit avec un voisin voit toujours ses produits travaillés avec autant de peine être utilisés par ce dernier.

Dès lors c'est peine perdue de se renier, surpassons nous de nos égos et considérons malgré nos désaccords, nous sommes issus d'un seul et même père.

b- légitimité sociale

la légitimité sociale est facile à comprendre, c'est le moment où vous voyez une personne qui ne vous parle pas et qu'aucune de ses hobbies corrobore avec les tiennes mais quand même, vous acceptez de lui servir de la paix et de la considération.

Leçon 7 : introspection de l'Etre

L'objectif même de l'homme sur la terre est de se mesurer afin de connaitre sa vraie identité. Il est des points à évaluer :

- l'intention : l'homme vivant doit pour une fois de son temps d'existence se rappeler s'il a essayé de réfléchir sur l'activité dans laquelle il se mobilisera afin de rendre la vie de ses concitoyens plus aisée.
  Vous ne me poursuivrez pas à déclarer qu'il en existe des individus qui mènent une vie sans tête ni queue c'est-à-dire pour jamais ils n'ont utilisé une tierce de leur énergie psychique pour trouver une possibilité d'aider qui ça peut être.
- Le domaine sanitaire : on ne peut être plus égoïste à celui dont ses parents élèvent et payent cher pour le bien être de son état mental et physique et malgré cela les remercie en se droguant, en mangeant l'illicite et en tuant.
- Le respect des codes sociaux : l'homme a la charge de veiller à ce que tous ses actes soient en corps d'avec l'avancée des projets de sa communauté.
  Pour chaque lieu, des ancêtres ont durement travaillé pour laisser un bel héritage. La meilleure solution pour conserver ce don est de se collecter et traiter avec amour vers les uns et vers les autres.
  -Les pratiques religieuses: si l'homme depuis l'avènement d'Adam a constaté qu'il y a eu successivement des révélations de savoir la bible, la thora, le zabour et le furqane dans le coran et malgré toutes ces énergies déployées pour vivifier son cœur n'est toujours pas convaincu alors soit il est sourd, aveugle et immobile comme l'arbre soit c'est un néant terrestre.

Leçon 8 : droits et devoirs du citoyen

Il est de ton droit de penser

- Mais ne penses vainement

Il est de ton droit de parler

- Mais parles pas sans intention de dire du bien

Il est de ton droit de mener

- Mais agis sans outrage

Il est de ton droit de voyager

- Mais vas-y humainement et légalement

Il est de ton droit de manger et boire

- Travailles néanmoins pour ta dignité

Il est de ton droit de ne pas croire

- Mais montres le avec respect et laisses les autres y croire

Il est de ton devoir de progresser ou évoluer

- Mais pas brusquement

Il est de ton droit d'avoir accès à l'information

- Demandes aux gardiens du secteur de te servir

Il est de ton droit de te battre

- Mais fais le à la date du combat et reconnais le verdict qui sera donné.

C'est de ton droit de tuer

- Mais choisis le mouton qui t'appartient

C'est de ton droit de témoigner

- Attends le jour prévu pour le procès.

Il est de ton droit de dénoncer

- Fais le quand même avec décence et pense au préalable en parler avec les médiateurs s'ils peuvent intervenir pour sauver la dignité humaine.

Il est de ton droit de choisir

- Ne la fais pas aveuglément

Il est de ton droit de te considérer être le choisi

- Néanmoins attends la proclamation des résultats.

Leçon 9 : le leadership

Un homme est leader s'il pense du bien et a le courage de le matérialiser.

- **Du point de vu de l'intérieur face à son environnement et au semblable :**

Il est nécessairement obligatoire de savoir de quelle identité on appartient ? De savoir une personne receveuse ou une personne donneuse.
Le receveur est l'homme qui est perméable à toute information, un béni du oui et prêt à exécuter tout ordre venant.
C'est à ses préventions de savoir vers où aller et avec qui entretenir car tout le monde n'est pas animé de bonne foi.
A l'inverse, un homme donneur est celui qui est très communicatif et enchanté des retrouvailles. Certes il fait état d'une énergie exceptionnelle, il doit aussi penser à s'intérioriser par le repos en famille ou aux congés sinon il finira par épuiser ses réserves et devient dans ce cas un cercueil ambulant.

- **Du point de vu de l'extérieur face à son environnement et à son semblable :**

Il est des individus qui sont plus qu'à la parole qu'à l'action. Ils peuvent dire mais quand il s'agit de poser le pas, ils démissionnent. C'est donc à leurs avantages de se trouver un secteur où seule la parole est attendue.
Au contraire, une personne peut tout de même plus à l'action qu'aux mots. Il est de ses caractéristiques d'être muet face aux critiques injurieux et de se concentrer en tout temps sur ses activités. Cette qualité est délicieuse et meilleure encore si la personne sort par écrit tout ce qu'elle veut partager comme connaissances et sagesse.

Remarque : il existe des hommes à la fois receveurs et donneurs selon les circonstances dans lesquels ils se trouvent. Ce groupe fait parti des élites et est juste conseillé d'être humble.

A noter toujours qu'au moment où la personne est seule dans son tombeau, la première discussion qu'il aura c'est avec son corps. Ce dernier lui dira en des cas, tu as été bien sage à la vie terrestre d'être souvent à l'isolement sinon nous ne saurions se familiariser avec ce nouveau environnement très singulier.
Il y aura aussi des corps en tension avec le mort avec des reproches du genre :

- Tu n'as jamais pensé à ce moment, toujours dehors dans les débats et voyages. Maintenant nous sommes là présents dans cette promiscuité invivable.
- Tu aurais mangé le licite ces vers qui dévorent avec férocité nous seront évités.

■ Du point de vu historique et géographique :

La meilleure façon de préparer un citoyen à être un leader est de lui citer des personnages aux parcours excellents.

- Lorsqu'on commence, il faut penser au meilleur
  Cette personne est la lumière !
- Lorsqu'on commence, il faut penser à qui choisir
  Cette personne est le bien choisi !
- Lorsqu'on commence, il faut penser à la volonté
  Cette personne est son incarnation !
- A l'amorce, pointe le doigt à la vérité
  Ce leader est son image !
- A l'amorce, pointe le doigt à la bonté
  Ce leader est la générosité !
- A l'amorce, pointe le doigt au savoir faire
  Ce leader est l'ingénieur !
- Pour une réussite qui dure, marie toi avec l'expérience
  Ce monsieur a fait les échelons !
- Pour une réussite sans démagogie, guide-toi vers le leader
  Ce monsieur est la modération !
- Pour une réussite collective, appelles à la compassion
  Ce monsieur est notre miséricorde !

Ce monsieur dont je vais nommer représente la suprématie.

A toi, ce bonheur que je lis sur le visage de ton peuple.

A toi, cette classe politique qui bat sans relace pour l'émergence.

A toi certes je déclare toute cette affection et attache toutes ces qualités humaines.

Son excellence monsieur **Macky sall**, président de la république du Sénégal.

Comment ne pas vous faire parrain de mon livre ? Père de la nation.

Loues mes propos et reconnais ma plume.

Remercies moi d'un remerciement qui touchera l'ensemble des habitants du monde avec le slogan « Mon pays en haut ».

Le second à citer parmi les leaders présente des qualités similaires au premier :

Monsieur **Birane ndour** : un homme à la démarche respectueuse et qui a choisi d'échelonner au lieu de la réalisation précipitée. Il est le digne héritier du roi de la musique sénégalaise et grand investisseur monsieur **Youssou ndour.**

Depuis l'aube vous consacrez vos efforts pour « Mon pays en haut ».

Que des hommes avec des qualités universelles, monsieur **Bouba ndour** le producteur né, monsieur **El hadji ndiaye** le féru de la tv, monsieur **Boubacar diallo** l'animateur intellectuel, monsieur **Pape Cheikh diallo** de « l'utile à l'agréable », monsieur **Abba** l'innovateur et l'humoriste, monsieur **Mamadou ibra kane** à la voix posée, monsieur **Mamadou Mohamed ndiaye** l'homme de khelcom avec l'ami monsieur **Cheikh Amar** l'homme d'affaires, monsieur Mansour diop de Dmédia amoureux de la religion, monsieur **Souleymane niang** un homme sympathique et grand intellectuel avec la sœur madame Khadija niang. Madame **Coumba gawlo seck** la diva, monsieur **Baba maal** le traditionnaliste et l'héritier de feu monsieur Thione Seck monsieur Wally seck.

- Voila des hommes de média leaders parmi tant d'autres qui travaillent au sens de « Mon pays en haut ».

A coté se profilent des engagés d'hommes affaires :

Monsieur **Aziz ndiaye Al Amine Aboubacar Khalifa** l'entrepreneur ami de monsieur **Gaston mbengue** l'activiste.

Monsieur **Thione Niang** le coach qui croit au développement des produits locaux.

Monsieur **Moustaphe Guirassy,** le repère des jeunes.

Madame **Amy sarr fall**, communicatrice et modèle.

Monsieur **Mbackiyou faye**, grand fidèle de la tariqa mouridiya.

Monsieur **Serigne mboup**, monsieur **Abdoulaye dia**, monsieur **Babacar sène**, monsieur **Alpha bèye**, monsieur **Ousmane khoulé**, monsieur **Abdoulaye satina diallo** et monsieur **Maguèye niang.**

- Voila des hommes d'affaires leaders parmi tant d'autres qui travaillent au sens de « Mon pays en haut ».

Monsieur **Ndiaga fall** l'architecte, monsieur **Talla ndiaye** le génie informaticien, monsieur **Abdou karim fall** le bureaucrate, monsieur **Pape seck Madické** l'enseignant, monsieur **Omar sy grand** fidèle de la tariqa tidianiya, monsieur **El hadji seck** le colonel, monsieur **Mor seck** le général, monsieur **Souleymane dia** et monsieur **El hadji diop** les coordonnateurs, monsieur **Mamadou sarr**, monsieur **Seydou diop** et monsieur **Boubacar sow** les amoureux du savoir.

- Voila des hommes de l'ombre leaders parmi tant d'autres qui travaillent au sens de « Mon pays en haut ».

Le grand marabout qui a redonné foi aux jeunes **Serigne Abdou karim mbacké.**

L'ami des jeunes **Borom Darou mame Thierno.**

Le rassembleur des valeurs **Serigne Moustapha sy.**

Le symphoniste **Serigne Modou kara Mbacké.**

Les pratiquants de « berné » (donner de la nourriture) **Serigne Saliou Thioune** et **Sokhna Aida diallo.**

- Voila des hommes au service de la religion leaders parmi tant d'autres qui travaillent au sens de « Mon pays en haut ».

L'homme venant du paradis **Serigne Mounataqa Mbacké**

L'innovateur **Serigne Babacar sy Mansour**

L'intellectuel **Serigne Mahi niass**

Le travailleur **Serigne Mouhamadou Doudou laye**

Le gardien de l'héritage **Mame Serigne Assane seck**

- Voila des hommes de Dieu en retraite et leaders parmi tant d'autres qui travaillent au sens de « Mon pays en haut ».

Des frères qui ne se bousculent pas l'ami **Ibrahima dieng**, l'ami **Talla khar dieng**, l'ami Pape **Moussa thiongane**, l'ami **Ass fall**, le copain Serigne **Saliou fall**, l'ami **Dame diop**, l'ami **Laye**, l'ami **Mouhamet seck**...

- Voila des frères en Dieu leaders parmi tant d'autres qui travaillent au sens de « Mon pays en haut ».

Des parents patients de la réussite de leur fils **Baye Hassan fall** et Sokhna **Seynabou bèye**.

Des frères et sœurs qui respectent l'ainé sachant qu'il était avant eux.

Une famille avec des membres très fiers de l'étoile brillante au sein d'eux.

Une femme héritière de Woury et Moussa qui ne sèche d'essayer d'être forte et fidèle à un interlocuteur qu'elle n'a pas rencontré depuis longtemps.

- Voila une famille composée de leaders parmi tant d'autres qui travaillent au sens de « Mon pays en haut ».

Leçon 10 : la décentralisation

- **Ne le pense pas seul**, en effet, les esprits ont des liens de complémentarité. Au moment où la conclusion est tirée, c'est toujours dans les précautions de reposer ultérieurement le débat et voir s'il n y a pas des parties à améliorer.
- **Ne le veut pas seul,** il ne suffit pas de trouver la vérité et de se l'approprier, parles en à toute ta communauté afin de leur aider.
- **Ne sois pas le seul qui le peut**, l'homme a besoin de repos et quand il est l'unique qui en a connaissance, du jour comme à la nuit des personnes se pointeront devant lui pour être servies. Décentraliser est alors le meilleur moyen d'avoir la liberté et d'aider les autres à travailler.
- **Ne sois pas le seul qui arbitre,** appelle l'expérience et l'assistance des partants pour avoir l'assurance de donner la bonne information.

Leçon 11 : la patience et l'adhérence

Pour l'amour et respect de la dignité humaine, évite de trancher avant que mon argumentaire se termine d'autant plus qu'il endosse un autre coté de démonstration pratique : c'est la patience.

Pour le développement de ton pays et donc le bien être de tes concitoyens apprécie le projet qui sera unanimement vu comme un point de départ pour l'émergence : c'est l'adhérence.

Leçon 12 : l'herméneutique de l'être humain

L'aboutissement de l'objet ne peut sortir de ces quatre phases :

- L'intention d'agir pour le bien.
  (Voir le livre dialogue entre la conscience humaine et Dieu)
- Savoir comment servir son pays
  (Maitriser le livre « l'herméneutique de l'homme »)
- Suivre le plan du leader qui assure le déroulement.
  (Voir le livre pole 15)
- Collaborer avec ses représentants qui composent le P15.

Fin

UN PEUPLE UN BUT UNE FOI

UN LIVRE, UNE LUMIERE DANS LE MONDE

ECOLE « MON PAYS EN HAUT »

Cycle Moyen H3

¨Le Pole 15¨

verte	jaune	rouge

Mon objet ¨ MON PAYS EN HAUT ¨

POLE 15 OU « Mon Pays en Haut »

(SE REORIENTER POUR SE DIRIGER VERS LA BONNE DIRECTION)

PROGRAMMES

1- **L'historique de mon pays**

2- **Définition du pole 15 ou « mon pays en haut »**

3- **Application du pole 15**

4- **Avantage de l'école mon pays en haut**

   a- **Du Point de vu éducationnel**

   b- **Du Point de vu de l'économie**

1- L'historique de mon pays

Il est à rappeler que depuis l'indépendance de 1960 et jusque là en 2021, le Sénégal, politiquement grandit avec des injures et conflits. Vous ne me laisserez pas mentir à dire que nous sommes dans un pays où la quasi-totalité des hommes de la classe politique n'attendent que soit déclarée la mort de leur adversaire.

Est-ce un problème ethnique ?

Je n'en crois pas car on s'envoisine matin et soir

Est-ce un problème de mal être ?

Je n'en crois parce qu'on savoure de bon « Thiébou diène » de midi

Est-ce un problème de crise autoritaire ?

Eh voilà que nous en sommes ! Avouons que tout le monde dans ce pays veut diriger sans au préalable faire de stages.

De stages ? Normale de s'interroger parce que c'est uniquement en politique où on est permis de demander le fauteuil du président sans passer à servir à travers une fondation d'échelle nationale durant certaines années.

Ce qui sera malheureux est que cet individu demandeur d'être gardien de la république une fois élu, passera tout son premier mandat à faire le tâtonnement créant pour son pays un retard remarquable.

Heureusement, qu'en médecine on a été sage d'imposer des stages avant de soigner un patient. Mais qu'en est-il du président qui doit soigner l'état d'une nation?

Heureusement que nos enseignants sont bien formés avant de parler aux élèves. Qu'en est-il du président qui doit montrer la voie aux alphabets et analphabètes ? Donc il parait que l'un de nos problèmes au Sénégal spécialement, c'est qu'historiquement, la plupart de nos managers sont d'anciens ingénieurs et donc comme ils étaient bons comme ingénieurs, on les a bombardés dirigeants de services républicains comme si c'était le même métier. Ce n'est pas du tout la même chose.

Un ingénieur, il travaille sur des objets concrets ou abstraits, un dirigeant travaille sur et avec des sujets.

Un ingénieur, il résout des problèmes alors qu'un président pose des questions et prennent des décisions.

Cependant le métier du président est très difficile car il est de ses responsabilités de faire travailler les autres. Mais il parait qu'on veut tous être celui qui donne les ordres.

Ainsi pour un nouveau départ nous est venue la lumière

« Mon pays en Haut »

2 -Définition du pole 15 ou « mon pays en haut »

« C'est un parti politique qui révise tous les secteurs de développement de son pays en vingt-quatre mois »

Pole 15 OU P15 ?

Le parti est représenté par un nombre de 15 personnes :

- Le président de la république à la tète
-Les quatorze restants répartis respectivement dans les régions du Sénégal pour dérouler le programme des vingt-quatre journées du Pole15.

- chacun des représentants du p15 est associé à 15 sous membres habitants de la région.

Calendrier des 24 journées du P15

A. CROISE DES CHEMINS	**B.**MISERICORDE	**C.** LE SAVOIR	**D.** ENERGIE
E. SECURITE	**F.** CHARETTE	**G.**ECOLE H	**H.**ALIMENTS
I.TRANSPORT PAROLE	**J.** DELIVRANCE	**K.** GREFFE	**L.**ABORDABLE
M.SYMPHONIE	**N.**LIEUX SACRES	**O.** MEMOIRE	**P**RECAUTION ECLAIRAGE
Q. OUVERTURE PROCHE	**R.** JUSTICE	**S.** UNIVERS	**T.** MERITES ANCESTRES
U. 14 REGIONS	**V.** DONS	HERITAGE	**X. LUMIERE**

-Les journées sont déroulées à partir du quinzième jour de chaque mois.
-Ensuite un point de presse est prévu avec le P15

5- Avantage de l'école mon pays en haut

a- Du Point de vu éducationnel :

Le projet « Mon pays en Haut » est de rappeler à l'homme ses origines et ses fonctions vis-à-vis de son pays.

Ainsi l'arrivée de ses trois livres montre le chemin qui mène à la lumière.

1er livre « Dialogue entre la conscience humaine et Dieu » : ce livre montre les qualités nécessaires que doit adopter l'homme pour être utile à la communauté.

2eme livre « la science herméneutique de l'homme » : il transfère à l'individu le courage et la détermination du lion.

3eme livre « le Pole 15 » : une lumière imposant un système à partir duquel on aura des hommes forts qui connaissent bien les besoins de leur peuple et qui se respectent.

FEMININ		MASCULIN
Tle	**ECOLE MON PAYS EN HAUT**	Tle
	Chaque élève parrainé à son ainé de la classe supérieure.	
	Les élèves de 5ème veulent monter jusqu'en 3ème	
3eme	Les terminalistes conscients que par moindre échec, ils se retrouveront avec les petits dans la même classe.	3eme
	LA BIBLIOTHEQUE	
5eme		5eme
SALLE PROF	Bureau des surveillants	SALLE PROF
	Bureau du directeur	

L'entrée se fait par voie concours après avoir réussi la classe de 6ème secondaire.

FEMININ

MASCULIN

FEMININ	ECOLE MON PAYS EN HAUT	MASCULIN
1ere		1ere
2nde	Chaque élève parrainé à son ainé de la classe supérieure. Les élèves de 4ème veulent monter jusqu'en 1ère Les élèves de 1er conscients que par moindre échec, ils se retrouveront avec les petits dans la même classe.	2nde
4eme	**LA BIBLIOTHEQUE**	4eme
SALLE PROF	Bureau des surveillants Bureau du directeur	SALLE PROF

L'entrée se fait par voie concours après avoir validé les examens de Bfem.

« Je ne peux oublier une personne qui a fait du bien pour moi. Je lui poursuivrai jusqu'à sa tombe pour lui remercier. Je suis né sans rien amener si ce n'est que du sang et de même pour cette personne. Donc qu'elle me fasse un bien explique le sacrifice qu'elle a fait de ses avoirs et la sagesse de sa part me montrant qu'elle retournera vers son seigneur sans aucun objet ».

Parole de DAD le lion

L'arbre de l'herméneutique – NGAGNE DEMBA KOUNA FALL YACINE KOUNA

Printed by Books on Demand GmbH, Norderstedt / Germany